Imke Rudel wurde 1966 in Bremen geboren. Sie hat Biologie studiert und dabei auch als Imkerin gearbeitet. Eines ihrer liebsten Hobbys ist das Lesen. Nach der Geburt ihrer beiden Kinder hat sie damit begonnen, selbst Bücher zu schreiben. Und das ist seitdem ihre Lieblingsbeschäftigung. Mit ihrer Familie und ihrem Wuschelhund lebt sie heute in Bremen.

Alexander Jung, Jahrgang 75, wurde in Ludwigshafen am Rhein geboren und machte 1994 in Neustadt an der Weinstraße das Abitur. 1996 zog es ihn in den Norden, wo er an der Hochschule für Angewandte Wissenschaften Hamburg Informative Illustration studierte. Seit einigen Jahren arbeitet er als freiberuflicher Illustrator und Grafiker für Agenturen und Verlage und gestaltet neben Büchern auch viele Spiele. Besonderen Spaß machen ihm dabei Motive aus dem Fantasy-Bereich.

LeseWörterbuch

Imke Rudel

Das weiß ich
über Fahrzeuge

Illustrationen von Alexander Jung

FSC

Mix

Produktgruppe aus vorbildlich
bewirtschafteten Wäldern und
anderen kontrollierten Herkünften

Zert.-Nr. SGS-COC-2939
www.fsc.org
© 1996 Forest Stewardship Council

ISBN 978-3-7855-5976-5
1. Auflage 2008
© 2008 Loewe Verlag GmbH, Bindlach
Umschlagillustration: Alexander Jung
Reihenlogo: Angelika Stubner
Printed in Italy (011)

www.loewe-verlag.de

Inhalt

Eine Autopanne mit Folgen

Alex sitzt aufgeregt im 🚗 :

Zusammen mit Mama will er zu

seinem 👴 auf den 🏠 fahren.

Mama dreht den 🔑 um.

Ratataa, ratatatahhhh …

Das 🚗 springt nicht an. „Ich muss

den 🚛 rufen", sagt Mama.

Sie holt ihr  aus der  .

Der  hebt das  mit

einem  auf die  und

bringt es in die  .

Alex und Mama dürfen im  mitfahren. Wie aufregend!

In der   öffnet der

die  und holt sein  .

Alex schaut in den  .

„Das ist der  ", erklärt der

und zeigt mit seinem öligen

darauf. „Vielleicht ist nur die

leer, und der  springt deshalb

nicht mehr an."

Der  testet die  ,

aber sie ist noch voll. Er sagt

zu Mama: „Ich muss das

hierbehalten und weitersuchen."

„Aber wie kommen wir dann

zu  ?", fragt Alex entsetzt.

„Wir fahren mit dem  zum  .

Dort nehmen wir einfach den  ",

schlägt Mama vor.

der Zug

der Bus

der Kran

das Führerhaus

das Auto

die Ladefläche

die Motorhaube

der Abschleppwagen

Die Autopanne

der Bahnhof

die Autowerkstatt

MEYERS
AUTO - WERKSTATT
REPARATUR - SERVICE

der Zündschlüssel

der Finger

das Handy
die Tasche

das
Werkzeug

der Motorraum

der Motor

die Batterie

der Mechaniker

Abschleppwagen:

Der Abschleppwagen hebt ein Auto, das nicht mehr selbst fahren kann, mit seinem Kran auf die Ladefläche und schleppt es zur nächsten Autowerkstatt ab.

Autowerkstatt:

In der Autowerkstatt werden kaputte Autos repariert. Dort werden auch Reifen gewechselt, und es wird nachgeschaut, ob alles noch richtig funktioniert.

Mechaniker:

Der Automechaniker kennt sich besonders gut mit Autos aus. Er arbeitet meistens in einer Werkstatt und repariert dort die Autos, wenn sie kaputt sind.

Motor:

Das Wort Motor bedeutet „Beweger".
Ohne ihn kann kein Auto fahren. Der
Motor befindet sich bei fast allen Autos
vorne unter der Motorhaube.

Batterie:

Eine Autobatterie versorgt das Auto mit dem Strom,
den es braucht, um zu starten. Sie lädt
sich beim Fahren von selber wieder auf.
Praktisch, oder?

Bus:

Bus ist die Abkürzung für Omnibus.
Das bedeutet „für alle", denn in einem
Bus können viele Menschen mitfahren.

Mit Bus und Zug

„Können wir nicht mit dem

fliegen?", fragt Alex. „Das ist mir

zu teuer", lacht Mama. „Außerdem

gibt es bei  gar keinen  ."

Die  ist direkt vor der  .

Als der  kommt, steigen

Mama und Alex ein.

Kurz vor dem  ist eine

riesige  . Die  wird

neu geteert. „Schau mal, da

steht ein  . Und was ist

das da?", fragt Alex neugierig.

„Das ist eine  ", erklärt Mama.

„Sie bringt den ▲ auf die ▬.

Danach fährt eine 🚜 darüber."

Wegen der 🚧 gibt es einen

kleinen 🚗. Ein 🚕 hupt

ungeduldig, und der 👨 schimpft.

Der  kann nur langsam

weiterfahren. Alex freut sich,

weil er der  und der

länger zuschauen kann.

Am  kauft Mama die  .

Eilig durchqueren sie die  .

„Unser  steht schon am

bereit", sagt sie. „Wir fahren heute

mit dem  . Das ist ein ganz

besonders schneller  ."

Am nächsten  müssen

sie umsteigen. Ein anderer

bringt sie in die kleine

am  , in der  wohnt.

die Stadt

der Intercityexpress®

der Bahnsteig

Hamburg

der Stau

das Taxi

der Taxifahrer
die Walze

die Asphaltiermaschine

der Asphalt

die Baustelle

das Flugzeug

der Flughafen

das Meer

die Fahrkarte

die Bahnhofshalle

der Bagger

die Straße

die Bushaltestelle

Mein kleines LEXIKON

Flugzeug:

Mit dem Flugzeug kommt man besonders schnell von einer Stadt zur anderen. Aber nur in größeren Städten gibt es einen Flughafen.

Stau:

Wenn zu viele Fahrzeuge gleichzeitig unterwegs sind, gibt es einen Stau. Dann geht es nur noch langsam vorwärts, und manchmal steht der Verkehr völlig still.

Bagger:

Der Bagger ist eine Maschine, die auf Baustellen eingesetzt wird, um zum Beispiel Erde und Steine zu bewegen.

Asphaltiermaschine:

Die Asphaltiermaschine ist auch eine Baumaschine.

Mit ihr können Schichten aus Sand,

aber auch aus Beton oder Asphalt

auf den Boden aufgebracht werden.

Bahnhof:

Fast in jedem Ort gibt es einen

Bahnhof, an dem Züge abfahren.

Von einem Bahnhof aus kannst

du in die ganze Welt reisen.

Intercity®:

Ein Intercityexpress® ist ein besonders

schneller Zug. Intercity® bedeutet

„zwischen den Städten".

Fahrt mit einer Pferdestärke

Vor dem wartet mit

seiner . Ein braunes

ist davorgespannt. „Hallo, Otto!",

ruft Alex und streichelt die

weiche des . Dann

klettert er zusammen mit Mama

auf den zu .

„Darf ich die 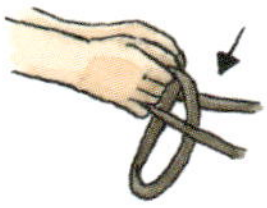  halten?", bettelt

Alex. „Erst auf der kleinen  ",

vertröstet ihn ![Mann]. „Hier sind zu

viele ![Autos] unterwegs."

Es ist wirklich viel los: Gerade

überholt ein knatterndes

die  . Im  sitzt ein

mit  . Und da kommt

sogar ein  mit

und lauter  angefahren.

Als sie die  am  erreichen,

darf Alex die  übernehmen.

Viele  sind unterwegs.

Alex sieht ein riesiges  .

Und aus dem  läuft gerade

ein  aus, um  zu fangen.

das Blaulicht

die Sirene

das Feuerwehrauto

die Fische

die Kutsche

der Opa

die Zügel

die Nase

das Pferd

der Kutschbock

das Containerschiff

der Fischkutter

die Schiffe

der Hafen

die Fliegerbrille

der Hund

das Motorrad

der Beiwagen

Kutsche:

Bevor es Autos gab, war die Kutsche das wichtigste Fahrzeug, um Lasten zu transportieren und längere Wege zurückzulegen.

Feuerwehrauto:

Mit dem Feuerwehrauto fahren die Feuerwehrmänner schnell dahin, wo es brennt. In ihrem Fahrzeug ist alles, was sie für einen Einsatz brauchen.

Motorrad:

Ein Motorrad ähnelt einem Fahrrad. Aber es wird von einem Motor angetrieben wie ein Auto.

Blaulicht und Sirene:

Wenn die Autofahrer ein Blaulicht sehen und die Sirene hören, wissen sie, dass sie schnell für die Feuerwehr, die Polizei oder den Krankenwagen Platz machen müssen.

Containerschiff:

Ein Containerschiff ist riesengroß. Es bringt seine Container, die mit Waren gefüllt sind, über die großen Ozeane in weit entfernte Hafenstädte auf der ganzen Welt.

Fischkutter:

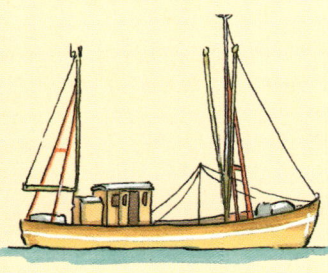

Fischkutter fischen in der Nähe von Küsten. Oft haben sie lange Stangen mit Schleppnetzen an den Seiten.

Ein sehr altes Auto

Als sie auf dem ankommen,

spannt das aus. Alex und

seine Mutter helfen ihm dabei,

die schwere in die

zu schieben. Dort steht auch

alter grüner direkt neben

dem riesigen .

In einer 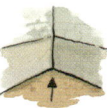 sieht Alex vier

unter einer  hervorschauen.

„Du hast ja ein neues  !", ruft er.

„Na ja", lacht  und zieht

die  herunter. „Es ist eher ein

sehr altes  . Das ist ein  ."

„Der ist ja oben offen!", staunt Alex.

„Ein  ohne ⬛ ist ein 🚗 ",

erklärt 👨. Plötzlich ertönt draußen

eine laute 📯. Alex hört ein 🚗,

das knatternd auf den 🏠 fährt.

„Das ist Hubert mit seinem  !",

sagt   . „Das muss ein großer

sein", sagt Alex erstaunt. lacht:

„Dieses  wird so genannt, weil

es so rund ist."

„Der  ist beinahe so laut wie

eine  ", findet Alex. „Da fahre

ich lieber mit dem  ."

„Morgen testen wir meinen  ",

schlägt  vor. Alex lacht: „Aber

bitte nur, wenn die ☀ scheint!"

die Sonne

die Scheune

der Käfer

das Dach

die Rakete

der Hof

Opas Fahrzeuge

der Mähdrescher

der Traktor

die Ecke

das Fahrrad

die Hupe

die Räder

die Plane

der Oldtimer
(das Cabrio)

Traktor:

Zu einem Traktor sagt man auch Zugmaschine,
denn er wird zum Ziehen von Anhängern
oder Geräten wie zum Beispiel einem
Pflug benutzt.

Mähdrescher:

Mit dem Mähdrescher werden Getreide,
Mais und andere Feldfrüchte geerntet.
Er schneidet das Getreide ab, und trennt
die Körner von den Halmen.

Oldtimer:

Ein Oldtimer ist ein Fahrzeug, das mindestens dreißig
Jahre alt ist. Das englische Wort „Oldtimer"
bedeutet „Fahrzeug aus alten Zeiten".

Cabrio:

Ein Auto, bei dem man das Dach öffnen kann, ist ein Cabrio. Bei schlechtem Wetter wird es wieder geschlossen. Meistens ist das Dach aus Stoff und kann zusammengeklappt werden.

Käfer:

Der Käfer war lange Zeit das meistverkaufte Auto der Welt. Er hatte, anders als andere Autos, hinten den Motor und vorne den Kofferraum.

Fahrrad:

Dein Fahrrad bewegst du nur mit der Kraft deiner Muskeln; du bist also dein eigener Motor. Dadurch ist es ein sehr umweltschonendes Fahrzeug.